LES RECETTES D'OR DE LA CUISINE GISSEROT

KA[illegible] UME

LES COQUILLES SAINT-JACQUES

sauf indication particulière, les photographies sont de l'auteur

Éditions Jean-Paul Gisserot
www.editions-gisserot.com

Introduction

Pour bien acheter les noix de Saint-Jacques veillez à ce que la coquille soit fermée. Les coquillages morts, même avec une coquille fermée, ne rendent pas la même sonorité quand on les choque les uns contre les autres. Ils émettent un son mat.
Pour les préparer, il faut ouvrir les coquilles en glissant un couteau de cuisine à l'intérieur, le long de la valve plate et sectionner le muscle bien à ras. Il vous appartient ensuite de séparer la noix et le corail de l'autre demi coquille. Éliminer la poche noire et les barbes. Laver la noix et le corail dans plusieurs eaux.
Le corail des coquilles est plus ou moins charnu selon les lieux et les saisons de pêche : il est abondant pour les coquilles de Bretagne du Sud ou de Quiberon et moins dense pour celles de la Rade de Brest ou de la Baie de Saint-Brieuc. Le corail des noix de la Baie de Seine est plus ou moins charnu selon les saisons.

Vous pouvez demander à votre poissonnier de vous préparer les noix sans coquille et avec le corail. Il ne vous restera qu'à passer les noix de Saint-Jacques sous l'eau avant de les cuisiner afin de les débarrasser des derniers grains de sable.

La Saint-Jacques dispose d'une chair maigre. Ce produit est un peu fragile et a tendance à durcir rapidement. Il n'est pas recommandé de le cuire à feu vif.

Pour la majorité des recettes, les noix de Saint-Jacques sont cuisinées sans coquille et avec le corail. Ce détail n'est donc pas précisé à chaque fois.

Noix de Saint-Jacques crues marinées

Temps de préparation

10 min

Temps de cuisson

2 heures

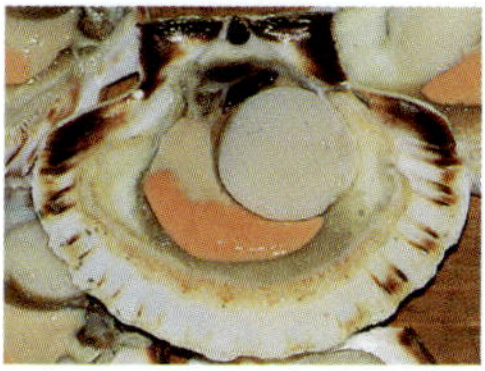

Nombre de personnes

4

- 16 noix de Saint-Jacques sans le corail,
- 2 échalotes hachées,
- 2 cuillères à soupe de cive ou de ciboulette ciselée,
- 3 cuillères à soupe d'huile d'olive,
- 1 cuillère à soupe de vinaigre,
- Sel et poivre.

Couper les noix de Saint-Jacques en trois dans l'épaisseur.
Les disposer dans une assiette.

Dans un bol mélanger l'huile d'olive, le vinaigre, les échalotes, la cive, le sel et le poivre.

Répartir cette marinade sur les noix de Saint-Jacques.

Laisser mariner le tout au réfrigérateur pendant au moins 2 heures avant de servir.

Vin conseillé : Fitou blanc, Macon villages.

PETITS CAKES AUX NOIX DE SAINT-JACQUES

- 200 g de noix de Saint-Jacques,
- 3 œufs,
- 150 g de farine,
- 1 sachet de levure,
- 10 cl d'huile,
- 1 grain d'ail haché,
- 12.5 cl de lait entier,
- 150 g de gruyère râpé,
- 150 g de poireaux émincés,
- 10 cl d'eau,
- 2 cubes de bouillon,
- Sel et poivre.

TEMPS DE PRÉPARATION

10 min

TEMPS DE CUISSON

56 min

NOMBRE DE PERSONNES

6/8

Préchauffer le four à 180°C.

Emincer les noix de Saint-Jacques en 3 dans l'épaisseur et les faire revenir à feu doux 1 minute avec un filet d'huile d'olive en remuant.

Réserver.

Laver les poireaux et les émincer.

Dans le jus de cuisson des Saint-Jacques faire revenir les poireaux pendant 10 minutes avec les cubes de bouillon, l'ail haché et l'eau.

Hors du feu, mélanger les poireaux aux noix de Saint-Jacques.

Dans un saladier, mélanger la farine, la levure, les œufs, le lait et l'huile jusqu'à l'obtention d'une pâte homogène.

Ajouter le gruyère râpé, le sel, le poivre, les poireaux et les noix de Saint-Jacques.

Verser la préparation dans des petits moules individuels et enfourner pendant 45 minutes.

Vous pouvez verser la pâte dans un moule à cake rectangulaire et le servir tranché.

Servir à l'apéritif ou avec une salade.

Vin conseillé : Champagne, Chardonnay.

- 18 coraux de noix de Saint-Jacques (réserver les noix pour une autre recette),
- 12 œufs,
- 40 g de beurre,
- 30 g de crème fraîche,
- Ciboulette,
- 2 cuillères à soupe de fumet de poisson,
- Sel et poivre.

ŒUFS BROUILLÉS AU CORAIL DE NOIX DE SAINT-JACQUES

TEMPS DE PRÉPARATION

10 min

TEMPS DE CUISSON

8 min

NOMBRE DE PERSONNES

6

Récupérer le corail de chaque noix.
Les faire revenir dans la poêle avec un filet d'huile pendant 2 minutes en remuant. Les réserver dans une assiette.

Casser les œufs et les battre énergiquement en omelette.
Incorporer la crème fraîche, le fumet de poisson et le beurre aux œufs battus.
Verser la préparation dans la poêle et cuire à feu doux les oeufs jusqu'à ce qu'ils atteignent une consistance crémeuse.

Saler et poivrer. Arrêter le feu.
Incorporer doucement le corail aux œufs.
Saupoudrer de ciboulette hachée.
Servir bien chaud en accompagnant de quelques tranches de pain de campagne grillées.

Vin conseillé : Macon villages, Côteaux du Languedoc rosé.

- 12 noix de Saint-Jacques,
- 1 litre d'eau,
- 2 cubes de bouillon,
- 1 carotte,
- 1 bulbe de fenouil,
- 1 cuillère à café de paprika,
- 2 cuillères à soupe de jus de citron,
- 2 cuillères à café de coriandre,
- 10 cl de crème fraîche liquide,
- Sel et poivre.

Consommé de noix de Saint-Jacques au fenouil

Temps de préparation

15 min

Temps de cuisson

24 min

Nombre de personnes

4

Faire bouillir l'eau et ajouter les cubes de bouillon.

Ajouter le paprika, le jus de citron, la coriandre, le sel et le poivre puis mélanger.

Eplucher les légumes, les laver et les couper en petits morceaux.

Incorporer les légumes au bouillon et laisser cuire 20 minutes.

Plonger les noix de Saint-Jacques dans le bouillon et poursuivre la cuisson 4 minutes.

Hors du feu incorporer la crème fraîche, mélanger et servir chaud.

Vin conseillé : Chardonnay Côte de Prouilhe, Gewurztraminer.

Poêlée de Saint-Jacques persillées

- 16 noix de Saint-Jacques,
- 3 grains d'ail,
- 3 cuillères à soupe de persil,
- 2 cuillères à soupe d'huile d'olive,
- Sel, poivre.

Temps de préparation

10 min

Temps de cuisson

5 min

Nombre de personnes

4

Hacher l'ail et le persil.

Faire revenir les noix de Saint-Jacques dans une poêle huilée 2 minutes de chaque côté à feu doux.

Saupoudrer de sel, de poivre et de persillée préparée.

Laisser cuire 1 minute.

Vin conseillé :

Côteaux du Languedoc blanc de la Clape,
Bourgogne Vézelay.

Brochettes de noix de Saint-Jacques au chorizo

- 20 noix de Saint-Jacques assez grosses,
- 16 petites rondelles de chorizo doux d'un diamètre de 3 cm environ ou 4 grandes rondelles d'un diamètre de 6 cm environ (rondelles de 5 mm d'épaisseur environ),
- 4 piques en bois de 15 à 20 cm,
- Sel, poivre.

Temps de préparation : **10 min**

Temps de cuisson : **5 min**

Nombre de personnes : **4**

Faire revenir les noix de Saint-Jacques dans une poêle huilée 2 minutes de chaque côté à feu doux.

Saupoudrer de sel, de poivre et réserver au chaud.

Enlever la peau du chorizo et faire revenir les tranches dans une poêle 30 secondes de chaque côté.

Si vous utilisez des grandes rondelles de chorizo, couper les tranches en 4.

Piquer sur les tiges de bois 5 noix et 4 tranches de chorizo en alternant.

Vin conseillé : Pouilly Fumé, Chablis.

Brochettes de noix de Saint-Jacques aux champignons

- 20 noix de Saint-Jacques,
- 20 champignons de Paris frais de petite taille,
- 30 g de miel liquide,
- 1 jus de citron,
- 1 cuillère à soupe de vinaigre balsamique ou de framboise,
- 5 piques en bois de 15 à 20 cm,
- Sel et poivre.

Temps de préparation

15 min

Temps de cuisson

4 min

Nombre de personnes

5

Préchauffer le four en position gril.

Mélanger dans un bol le miel, le jus de citron et le vinaigre.

Détacher le corail des noix de Saint-Jacques.

Peler les champignons de Paris. Couper le pied terreux et les laver.

Tremper les noix, les coraux et les champignons dans le bol et laisser mariner 10 minutes.Remuer.

Piquer sur les tiges de bois 4 noix, 4 coraux et 4 champignons par brochette en alternant.

Placer les brochettes dans un plat à gratin sous le gril du four.

Laisser cuire 2 minutes sur une face et 2 minutes sur l'autre face.

Sortir les brochettes du four et les badigeonner avec le reste de sauce avant de servir.

Servir avec une salade ou une ratatouille.

Vin conseillé : Blanc de blanc de Cassis, Pouilly Fuissé.

- 20 noix de Saint-Jacques,
- 2 grains d'ail,
- 1 oignon,
- 1 cuillère à soupe de persil,
- 500 g de poireaux,
- 1 verre de vin blanc,
- 25 g de beurre,
- Sel, poivre.

NOIX DE SAINT-JACQUES SUR FONDUE DE POIREAUX

TEMPS DE PRÉPARATION

15 min

TEMPS DE CUISSON

20 min

NOMBRE DE PERSONNES

4

Laver et émincer les poireaux.
Hacher l'ail, l'oignon et le persil.

Faire revenir le tout dans une poêle huilée 3 minutes.

Ajouter le vin blanc et laisser cuire 15 minutes.
Saler, poivrer et ajouter le beurre.

Réserver au chaud.

Faire revenir les noix de Saint-Jacques dans la poêle huilée 2 minutes de chaque côté à feu doux.

Saupoudrer de sel et de poivre.
Déguster les noix de Saint-Jacques sur un lit de fondue de poireaux.

Vin conseillé : Picpoul de Pinet blanc, Ménetou salon.

Noix de Saint-Jacques à la crème de cive

- 20 noix de Saint-Jacques,
- 20 cl de crème fraîche,
- 2 cuillères à soupe de cive coupée en morceaux.

Temps de préparation

5 min

Temps de cuisson

6 min

Nombre de personnes

4

Dans une poêle huilée disposer les noix.
Laisser cuire 2 minutes de chaque côté.

Saupoudrer de sel, de poivre.
Réserver les noix au chaud.

Déglacer la poêle en ajoutant la crème fraîche, incorporer la cive.

Remuer et laisser réduire pendant 2 minutes.
Rectifier l'assaisonnement si nécessaire.

Servir les noix nappées de sauce.

La cive est de la famille de la ciboule et est plus parfumée que la ciboulette.

Vin conseillé : Sancerre blanc, Muscadet.

Noix de Saint-Jacques au citron

- 16 noix de Saint-Jacques,
- le jus d'un citron,
- 1 citron confit,
- 1 cube de bouillon,
- 1 verre d'eau,
- Sel et poivre.

Temps de préparation	Temps de cuisson
10 min	6 min

Nombre de personnes

4

Faire revenir les noix de Saint-Jacques,

2 minutes de chaque côté avec un filet d'huile d'olive.

Réserver au chaud.

Dans le jus de cuisson ajouter le jus de citron, le cube de bouillon,

le verre d'eau et le citron confit détaillé en petits dés.

Laisser réduire pendant 2 minutes.

Servir les noix nappées de sauce au citron.

Vin conseillé : Entre-Deux-Mers, Gaillac perlé.

TOURTE AUX NOIX DE SAINT-JACQUES ET AU SAUMON

- 2 rouleaux de pâte feuilletée,
- 4 poireaux,
- 20 cl de vin blanc,
- 25 cl de crème fraîche,
- 1/2 verre de lait ou un blanc d'oeuf,
- 3 œufs entiers,
- 1 bouquet de ciboulette,
- 150 g de saumon fumé,
- 16 noix de Saint-Jacques,
- 2 cuillères à soupe de lait ou 1 oeuf,
- Sel, poivre.

TEMPS DE PRÉPARATION

20 min

TEMPS DE CUISSON

45 min

NOMBRE DE PERSONNES

6

Préchauffer le four à 210°C. Etaler la pâte dans un moule beurré.

Laver les poireaux et les couper en julienne.

Les faire revenir dans une poêle huilée pendant 10 minutes à feu doux.

Ajouter le vin blanc et laisser mijoter 2 minutes.

Dans un saladier mélanger la crème fraîche, les œufs, la ciboulette, le sel, le poivre, les noix de Saint-Jacques émincées et le saumon fumé coupé en lamelles.

Répartir les poireaux dans le fond de tarte.

Couvrir avec la préparation à base de crème.

Déposer le second rond de pâte sur le premier afin de constituer la tourte.

Souder les bords de la tourte en retournant les deux abaisses de pâte l'une sur l'autre.

Au centre de la tourte faire un petit trou avec le doigt afin de constituer une cheminée.

Badigeonner de lait ou d'oeuf à l'aide d'un pinceau et enfourner 30 minutes à 210°C.

Servir chaud.

Vin conseillé : Clairette de Bellegarde, Entre Deux Mers.

Crêpes aux noix de Saint-Jacques

Pour la pâte à crêpes :
- 100 g de farine de sarrasin,
- 2 œufs,
- 1 cuillère à soupe d'huile,
- 1/8 l de lait,
- 1/8 l d'eau,
- 1/2 cuillère à café de sel,
- 20 g de beurre demi sel pour la cuisson.

Temps de préparation	Temps de cuisson
30 min	20 min
Nombre de personnes	**Temps de repos**
4	2 heures

Préparer une pâte à crêpes de sarrasin de la manière suivante :

Mettre la farine dans une terrine.
Faire un puits au centre, ajouter l'huile, les œufs battus et le sel.
Mélanger au fouet en partant du centre. Délayer progressivement avec l'eau et le lait.
Battre vivement pendant 3 minutes pour obtenir une pâte lisse et sans grumeaux.
Utiliser un batteur si nécessaire pour lisser la pâte.
Laisser reposer la pâte pendant 2 heures.

Faire cuire environ 6 crêpes moyennes dans une poêle enduite de beurre demi sel.
Emincer les noix de Saint-Jacques en lamelles. Faire fondre les échalotes dans le beurre.

Dans le jus de cuisson, incorporer les noix de Saint-Jacques.

Les laisser cuire 1 minute en remuant. Ajouter le madère, la crème fraîche, le sel et le poivre.
Sortir du feu une fois le mélange en ébullition. Ajouter les jaunes d'oeuf et le gruyère râpé. Remuer

Garnissez le centre de chaque crêpe de ce mélange. Rouler la galette et répétez l'opération pour les autres crêpes.

Remettre les crêpes dans la poêle. Faire chauffer pendant 1 minute à feu doux.

Boisson conseillée : Cidre brut.

Clafoutis aux noix de Saint-Jacques

- 12 noix de Saint-Jacques,
- 20 cl de lait concentré nature,
- 1 carotte,
- 1 poireau,
- 2 œufs,
- 1 cuillère à soupe de farine,
- 1 cuillère à café de curry,
- 1 cuillère à soupe d'huile d'olive,
- Sel et poivre.

Temps de préparation	Temps de cuisson
10 min	22 min

Nombre de personnes

4

Préchauffer le four à 200°C.
Laver les légumes et les débiter en fines tranches.
Mélanger les œufs, la farine, le curry, le lait concentré, le sel et le poivre dans un saladier.

Dans une poêle, faire revenir les noix de Saint-Jacques dans l'huile d'olive pendant 30 secondes (sur une seule face). Réserver les.

Verser les légumes dans la poêle et les faire cuire à feu vif pendant 1 minute en remuant.
Dans un plat à gratin répartir les légumes puis les noix de Saint-Jacques (côté doré en haut).
Verser dessus la préparation à base de lait.

Faire cuire pendant 20 minutes à 200°C.

Vin conseillé : Muscadet, Pessac Léognan.

Terrine de noix de Saint-Jacques au saumon

- 12 noix de Saint-Jacques,
- 500 g de saumon fumé,
- 1 botte de ciboulette,
- 2 échalotes,
- 3 blancs d'œuf,
- 40 cl de crème fraîche,
- 1 cuillère à café de cognac,
- Sel et poivre.

Temps de préparation

15min

Temps de cuisson

1h20

Nombre de personnes

8

Préchauffer le four à 150°C.

Eplucher les échalotes et laver la ciboulette.
Mixer finement les échalotes, la ciboulette et le saumon fumé.
Incorporer les blancs d'œufs, la crème fraîche, le cognac, le sel et le poivre.

Beurrer un moule à cake et incorporer la préparation.
Répartir les noix de Saint-Jacques crues dans le moule et les immerger dans la préparation.
Faire cuire au bain marie pendant 1 heure 20 minutes.
Laisser refroidir avant de démouler.

Au moment de servir, couper la terrine en tranches et servir avec une mayonnaise.

Vin conseillé : Collioure Rosé, Roussette de Savoie.

- 16 noix de Saint-Jacques,
- 500 g de pommes de terre,
- 200 g de miettes de crabe en conserve,
- 2 cuillères à soupe de cive ou de ciboulette,
- 1 grain d'ail,
- 2 cubes de bouillon,
- 20 g de beurre,
- Sel et poivre.

PARMENTIER DE NOIX DE SAINT-JACQUES AU CRABE

TEMPS DE PRÉPARATION
10 min

TEMPS DE CUISSON
30 min

NOMBRE DE PERSONNES
4

Faire cuire les pommes de terre épluchées à l'eau ou à la vapeur pendant 25 minutes et les réduire en purée.

Mélanger à la purée le beurre et les cubes de bouillon jusqu'à dissolution.

Ajouter l'ail haché, la cive, le sel, le poivre et les miettes de crabe.

Faire revenir les noix de Saint-Jacques 2 minutes de chaque côté avec un filet d'huile d'olive.

Dresser dans une coupelle ou à l'assiette la purée au crabe et poser les noix de Saint-Jacques dessus.

Décorer avec quelques tronçons de cive ou de ciboulette.

Vin conseillé : Pinot Blanc d'Alsace, Côteaux du Layon.

- 4 avocats bien mûrs,
- 1 grain d'ail,
- 16 noix de Saint-Jacques,
- 2 cubes de bouillon,
- 40 cl d'eau,
- le jus d'un citron,
- 1 cuillère à soupe de persil.

NOIX DE SAINT-JACQUES ET VELOUTÉ D'AVOCAT

TEMPS DE PRÉPARATION

10 min

TEMPS DE CUISSON

4 min

NOMBRE DE PERSONNES

4

Eplucher les avocats et enlever les noyaux.

Les mettre dans le bol du mixeur avec l'eau, les cubes de bouillon, l'ail et le jus de citron.

Mixer finement afin que le mélange soit homogène.

Faire revenir les noix de Saint-Jacques 2 minutes de chaque côté avec un filet d'huile d'olive.

Déposer la préparation d'avocat au centre de 4 assiettes et disposer 4 noix de Saint-Jacques autour.

Saupoudrer de persil haché.

Vin conseillé : Meursault, Vouvray.

Cassolettes de Saint-Jacques et de fruits de mer

- 3 verres de fruits de mer surgelés (encornets, crevettes, petites sèches, moules...)
- 16 noix de Saint-Jacques,
- 1 grain d'ail,
- 2 cuillères à soupe de persil,
- 60 g de beurre,
- 2 cuillères à soupe de farine,
- 1/2 l de lait,
- 1 cube de bouillon,
- 2 biscottes,
- Sel et poivre.

Temps de préparation

15 min

Temps de cuisson

20 min

Nombre de personnes

4

Préchauffer le four à 200°C.

Préparer la sauce Béchamel de la façon suivante :

Faire fondre le beurre et le cube de bouillon dans une casserole. Ajouter la farine.

Remuer énergiquement et délayer hors du feu avec le lait à l'aide d'un fouet.

Laisser cuire 2 mn en fouettant jusqu'à épaississement de la Béchamel.

Ajouter du sel et du poivre et réserver.

Faire revenir les fruits de mer encore surgelés et les noix de Saint-Jacques avec un filet d'huile d'olive pendant 2 minutes en remuant.

Assaisonner. Répartir les fruits de mer et les noix de Saint-Jacques dans quatre ramequins.
Recouvrir de sauce Béchamel. Ecraser les biscottes entre les doigts et répartir la chapelure sur la préparation.
Enfourner à 200°C pendant 15 minutes et servir chaud.

Vous pouvez remplacer les fruits de mer par des restes de poisson.

Vin conseillé : Muscadet sur lie, Muscat d'Alsace.

Gratin de noix de Saint-Jacques au gruyère

- 2 coquilles Saint-Jacques (demander au poissonnier de vous donner 2 belles coquilles vides et profondes),
- 12 noix de Saint-Jacques,
- 6 cuillères à soupe de vin blanc,
- 40 g de gruyère râpé,
- 15 cl de crème fraîche,
- 4 feuilles d'oseille,
- 1 cube de bouillon,
- 1 cuillère à café de farine,
- Poivre.

Temps de préparation : 10 min

Temps de cuisson : 11 min

Nombre de personnes : 2

Préchauffer votre four à 260°C.

Escaloper les noix : les couper en trois dans l'épaisseur.

Laver les coquilles au liquide vaisselle.

Bien rincer.

Prendre les coquilles et en tapisser le fond avec des feuilles d'oseille crues soigneusement lavées.

Ranger les escalopes de Saint-Jacques sur l'oseille et placer au centre le corail.

Dans une casserole, mettre la crème fraîche, le vin blanc, le cube de bouillon et le poivre.

Ajouter la farine et fouetter pour bien délayer.

Faire chauffer 1 minute jusqu'à épaississement.

Napper les Saint-Jacques avec cette préparation.

Saupoudrer avec le gruyère râpé.

Mettre au four 10 minutes à 260°C.

Vin conseillé : Pouilly fuissé, Tokay Pinot gris.

- 16 noix de Saint-Jacques,
- 1 botte d'asperges vertes,
- 150 g de champignons de Paris en conserve (poids net égoutté),
- 1 cuillère à soupe de ciboulette coupée,
- 2 échalotes coupées,
- 10 cl de champagne,
- 2 cuillères à soupe de crème fraîche épaisse,
- 1 cube de bouillon,
- Sel et poivre.

Noix de Saint-Jacques au champagne

Temps de préparation: 10 min

Temps de cuisson: 14 min

Nombre de personnes: 4

Faire cuire les asperges dans une casserole d'eau bouillante pendant 6 minutes.
Les Egoutter et les couper en 3 en supprimant l'extrémité.

Faire revenir les noix de Saint-Jacques 2 minutes de chaque côté avec un filet d'huile d'olive.
Réserver au chaud.

Dans le jus de cuisson, faire revenir les échalotes, puis incorporer les champignons.
Laisser cuire 1 minute à feu doux.
Verser le champagne, le cube de bouillon et faire réduire.
Incorporer les asperges et la crème fraîche et laisser cuire 3 minutes.
Mélanger les noix de Saint-Jacques à la préparation et les répartir à l'assiette ou dans des ramequins en saupoudrant de ciboulette.

Vin conseillé : Riesling, Champagne.

- 16 noix de Saint-Jacques,
- 2 carottes coupées en dés,
- 2 échalotes hachées,
- 2 poireaux émincés finement,
- 200 g de champignons de Paris en conserve (poids net égoutté),
- 1 verre de vin blanc,
- 4 cuillères à café de fumet de poisson,
- 1 cuillère à soupe d'herbes de Provence,
- Sel et poivre.

Papillote de noix de Saint-Jacques

Temps de préparation

10 min

Temps de cuisson

20 min

Nombre de personnes

4

Préchauffer le four à 250°C.

Eplucher les légumes, les laver et les émincer finement.

Découper 4 feuilles de papier aluminium d'une longueur de 30 cm environ.

Répartir au centre de chacune d'elle un lit de légumes, quelques champignons, les échalotes, 4 noix de Saint-Jacques, 1 cuillère à café de fumet de poisson et 3 cuillères à soupe de vin blanc.

Saupoudrer de sel, de poivre et d'herbes de Provence.

Fermer la papillote et enfourner pendant 20 minutes à 250°C.

Vin conseillé : Gewurstraminer, Sylvaner.

- 8 noix de Saint-Jacques,
- 4 coquilles Saint-Jacques (demander au poissonnier de vous donner 8 belles coquilles vides et profondes),
- 2 tomates coupées en dés,
- 2 échalotes,
- 4 cuillères à café de fumet de poisson,
- 2 citrons pressés,
- 100 g de pâte feuilletée,
- Sel et poivre.

Noix de Saint-Jacques en coquille

Temps de préparation	Temps de cuisson
10 min	10 min

Nombre de personnes

4

Préchauffer le four à 200°C.

Laver les coquilles au liquide vaisselle. Bien rincer.

Préparer la garniture en coupant les tomates et les échalotes.

Placer deux cuillères à soupe de garniture dans quatre coquilles.

Placer les noix de Saint-Jacques sur cette garniture.

Assaisonner et saupoudrer de fumet de poisson.

Mouiller avec les citrons pressés.

Recouvrir les coquilles inférieures à l'aide des coquilles supérieures.

Former 4 boudins avec une pâte feuilleté.

Fermer les coquilles bien hermétiquement et souder les bords à l'aide de la pâte.

Placer les coquilles au four dix minutes à 200°C.

Chacun cassera la pâte cuite au moment de manger.

Cette technique est peu usitée.

On applique la technique de cuisson similaire à la cuisson en papillote.

Vin conseillé : Saint Véran, Bourgogne Vézelay.

Noix de Saint-Jacques aux petits légumes et au whisky

- 16 noix de Saint-Jacques,
- 1 courgette,
- 2 carottes,
- 20 cl de crème liquide,
- 1 verre de vin blanc,
- 1 cuillère à soupe de fumet de poisson,
- 1/2 verre de whisky,
- 1 échalote,
- 1 grain d'ail,
- 1 cube de bouillon,
- 6 cuillères à soupe d'huile d'olive,
- Sel et poivre.

Temps de préparation

20 min

Temps de cuisson

32 min

Nombre de personnes

4

Laver et éplucher la courgette et les carottes.

Couper les légumes en fines lamelles à l'aide d'un économiseur. Peler l'ail et l'échalote et les couper finement.

Dans une poêle, faire chauffer 4 cuillères à soupe d'huile d'olive.

Incorporer les légumes et laisser cuire à feu vif pendant 5 minutes. Ajouter l'échalote et l'ail et les faire dorer.

Ajouter le vin blanc, le fumet de poisson et le cube de bouillon. Mélanger.

Laisser mijoter 20 minutes sur feu doux.

Faire revenir les noix de Saint-Jacques 2 minutes de chaque côté avec un filet d'huile d'olive.

Verser le whisky et laisser chauffer 30 secondes.

Flamber les noix de Saint-Jacques et les réserver au chaud.

Déglacer la poêle avec la crème fraîche et laisser réduire 1 minute.

En fin de cuisson, ajouter le sel, le poivre et mélanger délicatement.

Disposer les Saint-Jacques sur un lit de légumes et verser le jus de cuisson sur la préparation.

Vin conseillé : Chablis, Saumur.

NOIX DE SAINT-JACQUES AU MIEL

- 16 coquilles Saint-Jacques,
- 50 g de miel,
- 3 cl de vinaigre balsamique,
- 4 tomates,
- 5 cl d'huile d'olive,
- Ciboulette, persil,
- Sel, poivre.

TEMPS DE PRÉPARATION

10 min

TEMPS DE CUISSON

10 min

NOMBRE DE PERSONNES

4

Faire revenir les noix de Saint-Jacques 2 minutes de chaque côté avec un filet d'huile d'olive.
Réserver au chaud.

Préparer la vinaigrette en mélangeant le miel avec le vinaigre balsamique, le sel et le poivre.
Incorporer l'huile. Couper les tomates en très petits dés.
Ajouter les tomates et le jus à la vinaigrette. Juste avant de servir, ciseler finement les herbes et les incorporer à la préparation. Poser les noix grillées et tièdes sur la préparation.
Ce plat peut être servi avec une salade de mâche.

Vin conseillé : Bandol, Fitou rosé.

NOIX DE SAINT-JACQUES À LA PROVENÇALE

TEMPS DE PRÉPARATION

5 min

TEMPS DE CUISSON

18 min

NOMBRE DE PERSONNES

4

- 16 noix de Saint-Jacques,
- 50 cl de lait,
- 1 verre d'eau,
- 1 cuillère à soupe de basilic ciselé,
- 1 poivron rouge,
- 1 poivron jaune,
- Sel et poivre.

Faire mariner les noix dans le lait pendant une heure.
Couper les poivrons en petits dés.

Dans une poêle faire revenir les poivrons avec un filet d'huile d'olive pendant 5 minutes à feu doux.

Incorporer 1 verre d'eau et laisser compoter pendant 10 minutes.
Ajouter les noix de Saint-Jacques égouttées, le sel, le poivre et laisser cuire pendant 3 minutes en mélangeant délicatement.

En fin de cuisson saupoudrer de basilic.
Servir accompagné de riz ou de pâtes.

Vin conseillé : Apremont, Bergerac.

- 16 noix de coquilles Saint-Jacques,
- 1 poireau,
- 1 carotte,
- 1 branche de céleri,
- 2 échalotes,
- 50 g de beurre,
- 10 cl de Noilly,
- 20 cl de crème fraîche,
- Ciboulette,
- 2 cuillères à soupe de curry,
- Sel et poivre.

Curry de noix de Saint-Jacques

Temps de préparation
15 min

Temps de cuisson
20 min

Nombre de personnes
4

Faire suer à feu doux les deux échalotes coupées très finement avec un filet d'huile d'olive.

Déglacer avec le Noilly et faire réduire.

Assaisonner. Ajouter la crème, et laisser réduire d'un tiers.

Ajouter le corail coupé en petits morceaux à la sauce réduite. Incorporer le curry et mixer finement. Réserver au chaud.

Couper en très fins bâtonnets la carotte, le blanc de poireau et le céleri.

Réunir les légumes dans une casserole avec le beurre et 1/2 verre d'eau. Ajouter le sel et le poivre.

Laisser cuire doucement à couvert durant 15 minutes.

Faire revenir les noix de Saint-Jacques 2 minutes de chaque côté avec un filet d’huile d’olive.

Disposer sur les légumes 4 noix de Saint-Jacques.

Entourer le tout d'un cordon de sauce ou déposer la sauce dans une petite coupelle.
Décorer avec quelques brins de ciboulette.

Vin conseillé : Sancerre, Noilly.

- 16 coquilles Saint-Jacques,
- 200 g de moules décortiquées surgelées,
- 150 g de crevettes roses décortiquées surgelées,
- 150 g de champignons de Paris en conserve (poids net égoutté),
- 1 échalote,
- Le jus d'un citron,
- 6 cuillères à café de fumet de poisson,
- 30 cl de crème fraîche,
- 10 cl de vin blanc sec,
- 1 cuillère à soupe de farine,
- Sel et poivre.

Noix de Saint-Jacques à la dieppoise

Temps de préparation

45 min

Temps de cuisson

20 min

Nombre de personnes

4

Préchauffer le four à 210°C.
Mettre dans une poêle les moules et les crevettes roses décortiquées surgelées avec le vin, l'échalote émincée et 1 pincée de poivre.

Incorporer les champignons avec le jus de la conserve et le jus de citron. Ajouter le fumet de poisson et remuer.

Laisser cuire pendant 5 minutes à feu doux.
Y plonger les noix de Saint-Jacques, porter à frémissement pendant 3 minutes puis les égoutter.

Faire réduire le liquide de cuisson, ajouter la crème fraîche et laisser réduire à nouveau.

Incorporer la farine et fouetter vivement sur le feu pour épaissir la sauce.

Rectifier l'assaisonnement si nécessaire.

Répartir les noix de Saint-Jacques, les moules, les crevettes et les champignons dans des coquilles creuses soigneusement nettoyées ou des ramequins.
Les napper largement de sauce puis les enfourner 4 minutes à 210° C.

Vin conseillé : Riesling, Cheverny.

- 16 noix de Saint-Jacques,
- 3 gros oignons,
- 1 botte de persil,
- 1 carotte,
- 1 kg de pommes de terre,
- 4 cuillères à soupe de crème fraîche épaisse,
- 20 g de beurre,
- 4 cuillères à café de fumet de poisson,
- Sel et poivre

MATELOTE DE NOIX DE SAINT-JACQUES

TEMPS DE PRÉPARATION

15 min

TEMPS DE CUISSON

20 min

NOMBRE DE PERSONNES

4

Emincer les oignons et hacher le persil.

Dans le fond du faitout mettre un lit d'oignons et de persil haché.

Couper les pommes de terre en tranches épaisses dans le sens de la longueur.
Les répartir sur le lit d'oignons et de persil. Posez sur l'ensemble les noix de Saint-Jacques.
Saupoudrer de fumet de poisson. Saler, poivrer, et parsemer de noix de beurre.
Ajouter un verre d'eau.
La noix de Saint-Jacques rend toujours de l'eau à la cuisson, aussi il faut veiller à ce que l'eau ne recouvre pas le tout.

Remettre une couche d'oignon et de persil haché sur les noix de Saint-Jacques.

Débiter la carotte en tranches fines obtenues grâce à l'épluche légumes.

Les déposer sur la couche d'oignons et de persil.

Chauffer à feu vif jusqu'au premier bouillon, puis sur feu moyen pendant 20 minutes environ, en ajoutant un peu d'eau si nécessaire.

S'assurer que les pommes de terres sont bien cuites, sinon continuer la cuisson quelques instants.

Avant de servir, ajoutez la crème fraîche épaisse.

Vin conseillé : Bourgogne Aligoté, Côtes du Jura.

ESCALOPE DE FOIE GRAS ET COQUILLE SAINT JACQUES SUR VELOURS DE CORAIL

- 12 noix de Saint-Jacques,
- 1 échalote,
- 1/4 de verre de Calvados,
- 25 cl de crème fraîche,
- 4 tranches de foie gras mi cuit,
- 1 carotte,
- 1 cuillère à café de thym,
- Sel et poivre.

TEMPS DE PRÉPARATION

15 min

TEMPS DE CUISSON

19 min

NOMBRE DE PERSONNES

4

Préparer le velours de corail de la façon suivante :

Eplucher, laver et couper la carotte en tranches très fines.

Faire revenir l'échalote hachée et la carotte pendant 10 minutes dans une poêle huilée à feu doux.

Ajouter le corail, puis déglacer avec le Calvados. Laisser réduire 2 minutes.
Ajouter la crème et porter à ébullition. Mixer finement et réserver au chaud.

Poêler les tranches de foie gras 1 minute de chaque côté et les réserver.

Faire revenir les noix de Saint-Jacques 2 minutes de chaque côté dans le jus de cuisson.

Mettre le velours au fond de l'assiette ou dans des petites coupelles.

Déposer dans chaque assiette une tranche de foie surmontée de 3 noix.

Parsemer de sel, de poivre et de thym.

Servir avec le velour de corail.

Une délicieuse variante à cette recette est l'ajout d'encornets, préalablement cuits à l'autocuiseur pendant 20 minutes.

Vin conseillé : Saint Bris, Monbazillac.

NOIX DE SAINT-JACQUES LANDAISES

- 16 noix de Saint-Jacques,
- 200 g de cèpes,
- 2 échalotes,
- 20 g de beurre,
- 3 grains d'ail,
- 2 cuillères à soupe de persil haché,
- Jus d'un 1/2 citron,
- 100 g de petits croûtons de pain,
- 50 g de pignon de pin,
- 1 cube de bouillon,
- Sel et poivre.

TEMPS DE PRÉPARATION

15 min

TEMPS DE CUISSON

22 min

NOMBRE DE PERSONNES

4

Faire revenir les noix de Saint-Jacques 2 minutes de chaque côté avec un filet d'huile d'olive.

Réserver au chaud.

Dans le jus de cuisson faire revenir pendant 15 minutes à feu doux les échalotes hachées et les cèpes émincés.

Ajouter l'ail, le persil haché, le citron, le cube de bouillon, le sel et le poivre.
Laisser cuire 1 minute.

Ajouter les noix de Saint-Jacques et mélanger afin qu'elles s'imprègnent de la préparation.

Réserver au chaud.

Dans le jus de cuisson de la poêle, ajouter le beurre et faire revenir pendant 2 minutes environ les croûtons de pain à feu très doux.

Dresser dans des assiettes les noix de Saint-Jacques avec la préparation et répartir les croûtons et les pignons de pin.

Vin conseillé : Ménetou-Salon, Bordeaux blanc.

- 16 noix de Saint-Jacques,
- 100 g de cèpes,
- 1 blanc de poireau,
- 20 cl de crème fraîche,
- 3 tranches de jambon de Bayonne,
- 1 cuillère à soupe de ciboulette hachée,
- 1 cube de bouillon,
- 16 piques en bois de 5 cm de long environ.

Noix de Saint-Jacques au jambon de Bayonne et aux cèpes

Temps de préparation	Temps de cuisson
15 min	27 min

Nombre de personnes

4

Nettoyer les légumes et les débiter en petits morceaux.

Dans une casserole faire revenir les légumes avec un filet d'huile d'olive pendant 5 minutes.

Mouiller avec 2 verres d'eau.
Ajouter le cube de bouillon et laisser cuire 20 minutes. Mixer finement et ajouter la crème fraîche.

Tailler de fines tranches de jambon d'1 cm de largeur sur toute la longueur de la tranche avec un ciseau réservé à la cuisine.

Enrouler les noix de jambon.

Maintenir le jambon à l'aide d'une petite pique en bois.

Faire revenir les noix de Saint-Jacques et le jambon 2 minutes de chaque côté sans matière grasse.

Déposer la crème de cèpe au fond de chaque assiette et les noix au centre.
Saupoudrer de ciboulette.

Ne pas rajouter de sel car le jambon est déjà salé.

Vin conseillé : Touraine Sauvignon, Buzet Blanc.

- 600 g de tagliatelles,
- 400 g de noix de Saint-Jacques,
- 200 g de queues d'écrevisses décortiquées surgelées,
- 1 verre de vin blanc sec,
- 2 cuillères à soupe d'estragon,
- 1 échalote hachée,
- 20 cl de crème fraîche épaisse,
- Sel et poivre.

TAGLIATELLES AUX NOIX DE SAINT-JACQUES ET AUX ÉCREVISSES À L'ESTRAGON

TEMPS DE PRÉPARATION

10 min

TEMPS DE CUISSON

20 min

NOMBRE DE PERSONNES

4

Faire cuire les pâtes dans de l'eau bouillante et salée.
Pendant ce temps, émincer les noix de Saint-Jacques en deux morceaux dans le sens de la longueur.
Faire revenir les queues d'écrevisses et les noix de Saint-Jacques 2 minutes avec un filet d'huile d'olive et remuer. Réserver au chaud.

Déglacer la poêle avec le vin blanc et ajouter l'échalote hachée. Faire réduire pendant 1 minute et incorporer la crème fraîche, le sel, le poivre et l'estragon.

Laisser mijoter pendant 2 minutes à feu doux. Ajouter à la préparation les queues d'écrevisses et les noix de Saint-Jacques.
Mélanger délicatement la sauce aux pâtes avant de servir.
Vous pouvez remplacer les queues d'écrevisses par des crevettes décortiquées.

Vin conseillé : Quincy, Jurançon sec.

- 16 noix de Saint-Jacques,
- 2 échalotes,
- 2 carottes,
- 2 poireaux,
- 1 cube de bouillon,
- 1 verre de vin des Corbières,
- 1 cuillère à soupe de persil haché,
- Sel et poivre.

Noix de Saint-Jacques au vin de Corbières

Temps de préparation

15 min

Temps de cuisson

27 min

Nombre de personnes

4

Dans une poêle, faire revenir les échalotes hachées et les légumes émincés avec un filet d'huile d'olive. Ajouter le cube de bouillon.

Mouiller d'un verre d'eau et laisser compoter 20 minutes en remuant fréquemment.

En fin de cuisson ajouter le verre de vin et laisser réduire 2 minutes.

Faire revenir les noix de Saint-Jacques 2 minutes de chaque côté avec un filet d'huile d'olive.

Disposer les légumes dans un plat et déposer les noix dessus.
Saler et poivrer. Décorer avec du persil haché.

Vous pouvez utiliser d'autres légumes : brocolis....

Vin conseillé : Corbières rouge.

TABLE DES RECETTES

Imprimé par Pollina Luçon 85 n° d'impression : L50123

Imprimé en France